Diálogos sobre el noviazgo y el matrimonio

José Young

Ediciones Crecimiento Cristiano

Ediciones Crecimiento Cristiano
Dirección postal: Casilla 3
5903 Villa Nueva, Cba.
Argentina

oficina@edicionescc.com
Catálogo completo: www.edicionescc.com

Ediciones Crecimiento Cristiano es una Asociación Civil
sin fines de lucro que se dedica a la enseñanza del
mensaje evangélico por medio de la literatura.

Diseño de Tapa: Ana Ruth Santacruz
Impreso en los talleres de Ediciones Crecimiento Cristiano, Septiembre de
2005

IMPRESO EN ARGENTINA

Introducción

La vida en pareja puede ser la mejor de las vidas... como también puede ser la peor. Hay hogares que se acercan al ideal, pero son muy pocos. La mayoría no son demasiado felices. El índice tan alto de separaciones es una clara indicación de que en la sociedad en que vivimos, la mayoría de las parejas no encuentran soluciones a sus problemas matrimoniales.

¿Cuáles son, entonces, las causas de esta situación? Son por lo menos dos. Primero, la mayoría de los jóvenes que piensan casarse no tienen idea de qué es el matrimonio o cómo deben desempeñar su rol dentro del mismo. Y segundo, no tienen una preparación adecuada para manejar los problemas inevitables que surgen cuando dos personas tienen que vivir en proximidad durante mucho tiempo.

Ofrecemos estos estudios para que, por medio de la reflexión y el diálogo, comiencen a pensar sobre eSta área fundamental de la vida.

1

El propósito de Dios

Supongamos, en todo este cuaderno, que eres creyente, que Jesucristo es tu Señor; y, como consecuencia, deseas someter tu vida de pareja a él. Si no es así, te falta un elemento esencial para seguir con este estudio.

La razón es sencilla: Dios creó al hombre con ciertas características y propósitos y, de la misma manera, "inventó" el matrimonio con ciertas características y propósitos. Es posible que ninguna pareja logre cumplir totalmente esos propósitos, sin embargo, el cristiano es de los que deben esforzarse "por alcanzar lo que está delante, para llegar a la meta y ganar el premio que Dios nos llamó a recibir por medio de Cristo Jesús" (Filipenses 3:13,14).

La primera pregunta es, entonces: ¿Cómo define Dios al matrimonio? ¿Cómo describe la Biblia ese ideal al cual debemos apuntar?

1/ Comencemos haciendo una comparación. Antes del próximo encuentro del grupo de estudio:

a) Busca tres o más amigos *no cristianos* y pregúntales: ¿Cuál es el propósito del matrimonio? Luego contesta:

• Las respuestas ¿tienen algo en común?

• ¿Qué opinas de sus respuestas?

b) Busca ahora tres o más amigos *cristianos*, y pregúntales lo mismo.
¿Estás de acuerdo con ellos?

c) ¿Son similares las respuestas de los cristianos a las de los no cristianos?

Probablemente un resultado de esta primera tarea sea que no todos opinan de la misma manera en cuanto al propósito del matrimonio. Es necesario, entonces, buscar una pauta más objetiva, más firme.

Miremos la primera parte de Génesis donde se describe la creación del hombre. Lee primero Génesis 1:26,27 donde se habla de la creación del hombre en su sentido genérico, y luego Génesis 2:18-25. Conviene leer los pasajes en más de una versión de la Biblia. La Biblia de Jerusalén reproduce bien lo que intenta decir Génesis 1:27: Y *creó Dios al hombre a imagen suya... macho y hembra los creó*. Varios comentaristas observan que es el hombre compuesto (macho y hembra) que ha sido creado a la imagen de Dios.

2/ ¿Por qué no era bueno que el hombre estuviese solo?

3/ Si es así, ¿por qué Dios no le hizo otro hombre para que fuera su compañero?

4/ En base a estos versículos, define la relación que ha de existir entre esposo y esposa.

Por supuesto, los capítulos 1 y 2 de Génesis relatan una situación que duró relativamente poco tiempo. Sabemos que Génesis 3 describe la caída del hombre y, como consecuencia de ella, la relación entre hombre y mujer —como todas las otras relaciones— quedó distorsionada. Lo importante de estos primeros relatos es que nos revelan cuál era el propósito original de Dios para el matrimonio.

Veamos ahora un segundo pasaje en Efesios 5:21-33. Pablo da aquí instrucciones para esposos y esposas, y nos pinta también un cuadro de cómo debe ser la relación dentro del matrimonio. A primera vista, la comparación Cristo-iglesia y esposo-esposa es algo chocante. Es comparar una relación muy ideal, muy "espiritual", con otra que es demasiado humana. Sin embargo, varias veces, tanto en el Antiguo como en el Nuevo Testamento, vemos un paralelo entre el matrimonio y nuestra relación con Dios (por ejemplo, Isaías 62:5 y 2 Corintios 11:2).

5/ Si el modelo para el matrimonio es Cristo y su iglesia, ¿cómo describes entonces la relación que debe existir entre esposo y esposa?

6/ Supongamos que no tienes novio o novia. ¿Te ayuda este pasaje a saber qué clase de persona debes buscar? Explica tu respuesta.

Seguramente estos pasajes bíblicos pintan un cuadro del matrimonio que es muy diferente de la opinión común y aun de la práctica.

7/ Pensando de nuevo en la encuesta que hiciste para la priMera pregunta, ¿cuál sería la diferencia principal entre el concepto bíblico del matrimonio y el popular?

8/ Terminamos con una pauta más. ¿Cómo aplicas Efesios 5:8-17 al tema de esta lección?

2

La realidad del matrimonio

Como dice la introducción a este cuaderno, la vida en pareja puede ser la mejor de las vidas... como también puede ser la peor.

Puede ser la mejor de las vidas, si la construimos sobre las bases que Dios puso. Para el hijo de Dios, no hay problemas sin soluciones, es decir, no hay problemas para los cuales Dios no nos haya dado los suficientes recursos como para solucionarlos, o, por lo menos, tener una correcta actitud frente a ellos.

Esta lección te puede parecer muy negativa, pero creemos que es necesaria. Vamos a pensar en algunos de los posibles problemas que tú mismo puedes enfrentar algún día, para así apreciar mEjor algunas de las soluciones que vamos a sugerir en las lecciones siguientes.

1/ Para comenzar, debes hacer otra encuesta. Esta vez debes preguntar a *por lo menos* tres personas lo siguiente:
- ¿Cuál es la ayuda más grande que le brindó su vida de pareja?
- ¿Cuál es el mayor inconveniente que ha tenido en su vida de pareja?

Piensa en las respuestas y prepara un informe para presentar en la reunión de grupo.

Pensemos en varios casos típicos, situaciones comunes donde hay roces en la relación de pareja. En cada caso vamos a considerar la situación en que se encuentran las personas y luego hacer una evaluación de la misma.

Caso uno: Pedro y Alicia

Alicia: La madre de Pedro es nuestro mayor problema. Él está atado fuertemente a sus faldas. La verdad es que lo ha malcriado terriblemente. Lo atendía como si fuera su sirvienta. Admito que no sé mucho de los quehaceres hogareños, pero ella no tiene por qué venir detrás mío alzando cosas como lo hace. Una vez me enfureció tanto que le grité y le ordené que se fuera. ¿Y sabe una cosa? Pedro ni siquiera se puso de mi lado. En realidad, creo que eso es lo que más me duele. A veces puedo soportar que en todo momento él corra a la casa de su madre, pero no puedo tolerar que no salga en mi defensa. Su madre maneja todas sus emociones y más ahora que su padre ha muerto. La visita hasta siete y ocho veces por semana...

Pedro: Alicia está frenéticamente celosa de mi madre. Podría poner fin a este problema matrimonial en cualquier momento si solamente quisiera actuar en forma decente hacia mi madre.

Alicia es un ama de casa terrible. Sabe que debería mantener la casa ordenada, pero no lo hace. Cuando viene mamá y ella se pone a hacerlo, Alicia se enfurece. Así fue como comenzó el problema. Yo sé que Alicia desea que me ponga de su parte, pero lo que en realidad quiere es que yo castigue a mi madre como una demostración de mi amor hacia ella. Me lo ha dicho casi literalmente.

De todas maneras, no voy muy seguido a casa de mamá. Pero yo me siento obligado a ayudarla, especialmente después de la muerte de mi padre. Alicia quiere que nos cambiemos al otro extremo de la ciudad y, en cierta forma, es una buena idea, aunque jamás lo admitiría delante de ella...

2/ Pensemos en este incidente.

a) ¿Qué actitudes exhibe Alicia que demuestran falta de madurez?

b) ¿Qué actitudes exhibe Pedro que demuestran falta de madurez?

) Pedro defendió la intromisión de la madre en su matrimonio. ¿Cuál es tu reacción ante tal actitud?

d) ¿Qué consejo darías a una pareja de novios que, posiblemente, tendrían que vivir una situación parecida?

Caso dos: Juan y Elva

Juan: Realmente, Elva y yo nunca peleamos. Hace mucho aprendí que esto no vale la pena. Por supuesto, muchas veces no estamos de acuerdo, pero ¿qué voy a hacer? Ella dice cosas sin sentido. Yo le digo que no estoy de acuerdo. Pero ella reacciona enseguida... y, ¿para qué seguir?

Parte del problema es que a ella se le ocurren las ideas más rápidamente que a mí. Cuando hemos terminado de discutir algo, yo siempre pienso en algunos buenos argumentos, pero ya es tarde. Es cierto que de esta manera ella toma la mayoría de las decisiones, pero por lo menos tenemos paz. Cada vez que me pongo firme para defender mi posición ella se enoja. Entonces, ¿para qué pelear?

Elva: Siento mucho que Juan no acepte su responsabilidad en el hogar. Cuando hay problemas que resolver, o decisiones que tomar, él siempre las deja para mí. Es muy pasivo, y evita enfrentar la realidad.

Yo creo que siempre debo ser fiel a la verdad. Cuando yo tomo una posición correcta, pero Juan se opone, no puedo lavarme las manos. La verdad es la verdad, y yo debo defenderla. Pero veo que Juan normalmente se da cuenta que yo tengo razón y no discute más.

De una cosa sí estoy contenta, y es que hay paz en nuestro hogar. En tantos hogares hay discusiones y peleas, pero en el mío no existen, gracias a Dios.

3/ Pensemos en esta nueva situación.

a) ¿Cómo evalúas la actitud de Juan?

b) ¿Cómo evalúas la actitud de Elva?

c) ¿Por qué la relación entre Juan y Elva es esencialmente mala?

Caso tres: Cacho y Cristina

Cacho: Cristina y yo nos casamos cuando yo apenas tenía 20 años. Nos conocíamos bien, éramos de la misma iglesia y habíamos salido juntos mucho tiempo. Yo cursaba el tercer año en la facultad, ella tenía un trabajo más o menos bueno y andábamos bien.

Hice muchos amigos en la facultad y me gustaba pasar las horas conversando con ellos. Leíamos libros y los discutíamos juntos. Conocí a muchas chicas muy inteligentes, y bueno, como es de esperar, pasaba más tiempo en la facultad que en casa.

Cristina viene de una familia muy humilde... bueno, la mía también lo es, pero a ella no le gusta leer y nunca piensa en los temas importantes de la actualidad. Cuando vino el primer hijo, realmente no sabía de qué conversar con ella. Uno se cansa de hablar nada más que de cólicos y de la vecina que también tiene un nene adorable.

Cuando conocí a Rut, me hizo mucho bien. Me sentía muy solo. Con ella podía conversar, y ella tenía interés en las mismas cosas que yo. Me respetaba, y animaba. Cada vez me costaba más regresar de noche a casa... a veces no lo hacía.

Pero creo que Cristina ha de entender por qué la dejé. Ella está bien con sus padres y, seguramente, ahora es más feliz, ya que no tiene que preocuparse por mí. A veces voy a ver al nene, pero Rut ya está embarazada y...

4/ En este tercer caso, encontramos otra situación bastante común.

    a) ¿Cuándo, en realidad, comenzó el problema?

    b) ¿Son dos los responsables de esta situación o sólo uno?

    c) ¿Qué consejo le darías a una pareja de novios que enfrenta uno peligro parecido?

Hemos visto tres situaciones muy diferentes, pero también muy comunes. Todos conocemos matrimonios que viven en una situación semejante a alguno de los casos que hemos examinado. Pero repetimos: No *debe* ser así.

Hay dos elementos esenciales que faltan en los tres ejemplos que hemos dado en esta lección. Primero, la falta de comunicación, tema que trataremos en la lección 6. Y segundo, falta la fidelidad, que es primordial en una relación de pareja. Casarse es comprometerse ante Dios y la sociedad. Es decir: "Voy a aceptar a esta persona como parte de mí mismo, para ayudarla, defenderla, amarla y nunca abandonarla, a pesar de cualquier experiencia negativa que podamos tener".

Una vez casados, no tenemos el privilegio de decidir si nos gusta o no, si vamos a continuar o no. Delante de Dios es una relación que solamente la muerte puede romper.

5/ Como último ejercicio para esta lección, explica la parábola de Lucas 14:28-30, aplicándola al matrimonio.

Repetimos lo dicho al comenzar este cuaderno: Son básicamente dos las razones por las que hay tantos problemas en los hogares de familias cristianas. No deben existir, pero surgen porque:

- La mayoría de los jóvenes no tienen una preparación adecuada para el matrimonio y nunca han pensado en los factores humanos que rigen la vida de pareja.
- La mayoría de los jóvenes no saben los principios fundamentales que deben constituir la base detodo hogar cristiano.

En este cuaderno nos vamos a concentrar en los factores que toda pareja debe tomar en cuenta *antes* del casamiento. En otros cuadernos trataremos el tema del hogar cristiano (*Diálogos para matrimonios* 1 y 2).

3
El amor - 1

Sin ninguna duda toda pareja estará de acuerdo en que el amor es la base de todo. Piensan casarse porque se aman. Es muy simple.

El problema es que la mayoría no sabe qué es el amor. Confunde una sensación glandular con otra cosa que es mucho más profunda. Confunde esa palabra "amor" que se usa tanto en la televisión y en el cine con otra realidad. Por esta razón, vamos a dedicar dos lecciones a esta palabra que es la base de todo.

1/ Antes de pensar en los diferentes aspectos del amor, conviene recordar el concepto popular de esta palabra. Escribe aquí una definición del amor según el cine y la televisión. Si es posible, pregunta a dos o tres personas no creyentes qué definición darían a esta palabra.

Varios autores distinguen cuatro aspectos del amor. Aunque hay ciertos contrastes entre ellos, los cuatro están presentes dentro del matrimonio. En este sentido, el amor es como una mesa con cuatro patas. La falta de una es peligrosa, y aunque es posible que una de las cuatro sea más importante que las otras, esa sola no es suficiente para darle estabilidad a la mesa. Vamos a examinar brevemente las cuatro.

El *afecto*

Los autores definen este amor con la palabra griega *stergo*, que significa afecto, cariño. Es lo que sentimos hacia los abuelos, una maestra querida, o el perrito de la casa. Apreciamos a una persona, nos gusta. Es una relación cómoda que normalmente no exige demasiado de nosotros.

Es parecida a una amistad sin profundidad. Ya sabes que hay amigos... y amigos. Saludamos a mucha gente, conocemos a mucha gente, pero nos acercamos a ellos hasta cierto punto. La verdadera amistad es otra cosa.

Sin embargo, no queremos despreciar este amor. Los griegos, por ejemplo, utilizaron la palabra *stergo* para describir el afecto entre padres e hijos. Puede haber personas que en nada son atractivas, sin embargo, sentimos afecto por ellas.

2/ **¿Puedes pensar en un ejemplo de esto? Es decir, si alguna vez has sentido afecto por una persona con la cual has tenido o tienes una relación circunstancial, comenta el caso.**

Muchas veces el verdadero amor comienza aquí. Comienza con una relación de amistad, entre jóvenes que se aprecian porque estudian juntos, o van a la misma iglesia. Pero a partir de ahí la relación comienza a progresar hacia los otros aspectos del amor que vamos a mencionar a continuación.

3/ La pregunta parece obvia, pero queremos que la expreses en tus propias palabras. ¿Por qué este amor no es suficiente para la relación matrimonial?

La amistad

Como dijimos antes, hay amigos... y *amigos*. Aquí hablamos de esos pocos, íntimos, verdaderos. La palabra que los griegos usaban para esta amistad era *fileo*, que en el Nuevo Testamento se traduce varias veces como "amor".

El amigo verdadero es alguien en quien podemos confiar. Existe entre ambos un cierto compromiso no escrito, una cierta lealtad.

El amigo verdadero es la persona a quien le podemos decir todo. Nos acepta como somos, y con él podemos quitarnos la máscara. Le confesamos cosas que no diríamos a ninguna otra persona.

Buscamos su compañía para hacer cosas juntos. Nos entendemos aun sin decirnos nada. Una señora dijo que cuando comenzó a conocer a la persona que ahora es su esposo, pensaba "¡Qué lindo sería envejecer con él!". De ese amor estamos hablando.

Todos necesitamos por lo menos un buen amigo. La persona verdaderamente feliz es aquella cuyo mejor amigo es su cónyuge.

4/ Piensa un momento en quién es tu mejor amigo. ¿Cuáles son los aspectos de la relación, o las características de esa persona, que determinan que sea tu mejor amigo?

5/ A pesar de todo lo dicho sobre este amor, tampoco es suficiente para el matrimonio. ¿Por qué?

El enamoramiento

Cuando la gente habla del amor, casi siempre se refiere al amor romántico, a lo que siente la persona que "está enamorada".

Habrá variaciones, por supuesto, pero el proceso es casi universal. Entre todas las personas que nos rodean, nos fijamos en una. No es necesariamente la más hermosa, ni la más brillante, pero esa persona comienza a absorber nuestra atención. Es algo parecido al radar de las armas modernas: una vez que detecta su presa nada lo puede apartar de ella.

Podríamos llamarlo un amor "glandular", ya que no es tanto una reacción pensada frente a la otra persona, sino algo sentido. Brota con la adolescencia, producto de un cuerpo que recién experimenta la madurez física. Es fuertemente emocional, cargado de optimismo y esperanza por formar esa "relación perfecta", única en el mundo.

Muchas veces la atracción es física e incluye el deseo sexual, pero normalmente va mucho más allá de eso. Queremos que *toda* la otra persona sea nuestra. DeseaMos estar siempre con ella, escucharla, tocarla.

La palabra griega, relacionada con este amor es *eros*, de donde derivan palabras como "erótico". Eros, el mítico dios del amor, cuyo otro nombre es Cupido, está relacionado con lo sensual. Algunas personas, por esta razón, condenan el amor emocional. Pero, tiene un lugar importante en el matrimonio; el peligro es cuando éste es el que domina y los otros tres aspectos del amor no están presentes.

Su problema principal —y esto ningún enamorado lo cree— es que este amor no es perdurable. Hay muy pocos hogares donde todavía reina el amor romántico. La rutina de los quehaceres diarios lo va desgastando, aunque aún pueden verse ciertos rasgos. De los cuatro amores Es el más frágil.

Creemos que su fragilidad se debe principalmente a que el enamorado no puede ver objetivamente al objeto de su amor. "Sí, yo sé que Susana no es perfecta, pero nuestro amor solucionará los problemas." Lamentablemente, el amor romántico tiende a ocultar los problemas y no a solucionarlos. Las soluciones se basan en el aspecto del amor que todavía no hemos mencionado.

6/ ¿Será posible tener un hogar feliz *sin* el amor emocional? Explique.

Ágape

Esta palabra griega define un aspecto de amor que a menudo encontramos en el Nuevo Testamento. Se usa para describir el amor de Dios hacia nosotros y cómo debe ser nuestro amor hacia él. Se usa para describir cómo debe ser el amor entre esposo y esposa.

7/ Supongamos que tienes novio o novia (o por lo menos esperas tenerlo). Cuando le dices "te amo", ¿qué quieres decir? (Sé honesto)

8/ Cuando Dios dice que nos ama, ¿qué quiere decir? Busca Romanos 5:8, Efesios 5:25-26 y 1 Juan 4:10,11. Debes dar una respuesta con tus propias palabras.

Diríamos que la diferencia esencial entre los otros tres aspectos del amor y éste es que los otros dicen: "Te amo porque". Mientras éste dice: Te amo a pesar de". Es fácil amar cuando la otra persona es amable. Pero cuando dos personas viven en una estrecha relación, *siempre* aparecen roces, *siempre* aparecen problemas. Es inevitable, normal, necesario. Por medio de estos problemas crecemos, y nuestra relación también crece.

Pero el amor emocional no puede enfrentar muchos problemas. Comienza a recibir sus golpes en las primeras semanas después del casamiento, y se va esfumando con el tiempo. Puede perdurar, pero ya no es el gigante que controla la relación, sino un compañero del afecto, la amistad y el ágape.

En esto los discípulos de Jesucristo tenemos muchas ventajas. Sabemos qué es el amor y tenemos el Espíritu de Dios que nos enseña a amar. Tenemos los recursos necesarios para enfrentar y solucionar los problemas inevitables. No afirmamos que todo hogar cristiano sea perfecto, pero no hay ninguna razón para que no sea sano y feliz.

En la siguiente lección vamos a explorar cómo se aplica el amor ágape al noviazgo.

4

El amor - 2

En el Nuevo Testamento se habla mucho acerca del amor. Los consejos más prácticos los encontramos en 1 Corintios 13. Aquí Pablo define el amor en términos reales, de una manera que lo podemos aplicar directamente a las relaciones que tenemos con la gente que nos rodea.

Examinemos algunas de estas pautas a la luz de la vida en pareja, pensando especialmente en los novios.

Busca 1 Corintios 13:4-7 y léelo por lo menos en dos versiones de la Biblia.

1/ Si tuvieras que definir esta clase de amor (ágape) con una sola palabra, ¿cuál sería?

2/ En estos versículos, ¿se da a entender que el amor "ágape" es un sentimiento, o no? Explica tu respuesta.

3/ ¿Qué papel juegan los sentimientos en el amor que describe este pasaje?

Lo que describe este pasaje es, en cierto sentido, un ideal. Pero en otro sentido, es muy alcanzable. Nos muestra cómo vivir con nuestros semejantes, y sus pautas son muy prácticas. Describe un amor que podemos aplicar a la persona no amable, incluyendo a nuestros enemigos (Mateo 5:44). Revela el secreto de cómo obedecer el mandato del Señor de amarnos mutuamente.

Pensemos en algunas aplicaciones de este amor ágape a la relación de pareja.

Primero

El amor exige que seamos honestos, que no nos pongamos "máscaras", que nos mostremos tal como somos. Nota que en el v. 5 (1 Corintios 13) dice que el amor "se goza de la verdad", o según la Versión Popular, "se alegra de la verdad".

Es completamente normal que, en la pareja, tratemos de impresionar a la otra persona. Por supuesto, nos vamos a cuidar. Esa persona con quien salimos es muy querida, y no tiene sentido dejar una mala impresión con ella. ¡Si supiera realmente como soy...! Siempre existe la posibilidad de perderla, y eso sería terrible.

4/ Pero esa actitud es un peligro muy grande para la relación de pareja. ¿Por qué?

Evitemos toda tendencia a engañar, a ponernos "máscaras". Debemos abrirnos para revelar lo que realmente somos. Es la única manera de tener una relación sana y perdurable.

Segundo

Cuando aparecen los roces y disensiones en la relación de pareja —y siempre los habrá— el amor no reacciona en contra, sino busca soluciones. Nota en el v. 5 cómo el amor "no se irrita", o según la Versión Popular, "no se enoja".

Por supuesto, el enojo no es la única manera en que reaccionamos frente a un desacuerdo. Lo que rompe relaciones no son solamente los gritos acalorados, sino también los silencios helados.

5/ Piensa por un momento. Cuando hay desacuerdos, ¿normalmente cómo reaccionas? ¿Cuáles de las siguientes posibilidades se acerca más a tu manera de reaccionar?

- El silencio.
- La discusión acalorada.
- Las lágrimas.
- El sarcasmo.
- Las acusaciones a la otra persona.
- Evitando o cambiando el tema.
- Cediendo aunque no estás de acuerdo.

6/ Por supuesto, ninguna de las reacciones de la pregunta 5 es la correcta. ¿Por qué?

Evitar el enfrentamiento a un problema solamente trae más problemas en el futuro. La parejA debe adquirir la capacidad de resolver conflictos. Un posible método es el siguiente:

Primero: Tratar de entender el punto de vista del otro. Antes de poder resolver un problema, se debe comprender cómo lo ve la otra persona.

Ejemplo:

Él: El hecho de que yo llegue tarde para ti es una falta de respeto.

Ella: Y te enojas porque piensas que llegar tarde no es suficiente justificativo para que yo me irrite.

Segundo: Deben tratar de ponerse de acuerdo en cuanto a las causas del conflicto. Tal vez no concuerden, pero cada uno debe comprender cómo ve el otro el problema.

Él: Tú piensas que debo disciplinarme para nunca llegar tarde a una cita.

Ella: Tú crees que yo debo aprender a aceptarte tal como eres, sin reaccionar a tu falta de cumplimiento.

Tercero: Juntos deben buscar todas las posibles soluciones al conflicto. A veces es conveniente escribirlas en un papel para poder charlar sobre las ventajas o desventajas de cada una.

Cuarto: Deben hablar sobre los cambios que cada uno está dispuesto a hacer. No sobre lo que uno quiere exigir al otro, sino lo que cada uno está dispuesto a cambiar en su propia vida para mejorar la relación de pareja.

Quinto: Después de considerar varias soluciones deben optar por la que crean más adecuada.

Sexto: Deben orar juntos para que el Señor los ayude a implementar las decisiones que hayan tomado.

Tercero

El amor acepta a la otra persona tal cual es, sin tratar de cambiarla metiéndola en otro moLde. Demasiadas veces los jóvenes piensan: "No aguanto eso en ella, pero cuando nos casemos la voy a hacer cambiar". No es cierto. Esas cosas que no nos gustan ahora van a estar también después del casamiento, y probablemente serán aún peores. El v. 7 dice del amor que "todo lo sufre, todo lo cree, todo lo espera". El que ama trata de adaptarse a la otra persona, no adaptar a la otra persona a sus propios esquemas.

¿Has pensado alguna vez en lo que realmente quieres de un esposo o una esposa? ¿Has pensado en las cualidades más importantes que debe reunir la persona con quien vivirás toda tu vida? Hablamos de los aspectos básicos, mucho más allá de una cara bonita.

7/ Anota aquí las *tres* características principales que debe tener la persona que podría ser tu esposo o esposa.

Seguramente todos tenemos ideas en cuanto a cómo debería ser el esposo o la esposa ideal para nosotros. A veces es lindo soñar. Pero, probablemente, esa persona no exista o esa relación que imaginas en la práctica no podría darse, y te casarás con alguien que no alcanza tus ideales. ¿Estás dispuesto a pasar toda tu vida con esa persona, a pesar de que no es tal como pensaste que debería ser?

Recuerda que Dios exige que ames aun cuando la otra persona no sea amable. Aun cuando quedemos desilusionados con la que pensábamos era la persona ideal. Una de las características principales del amor verdadero es la fidelidad. Es seguir amando aun cuando todas las estanterías se caigan, y el mundo de nuestros sueños se derriba a nuestro alrededor.

Cuarto

El verdadero amor busca el bien del otro, no el bien propio. Quiere ver crecer a la otra persona, que llegue a ser una persona equilibrada, sana y madura. El amor emocional es hambriento, y siempre busca lo que puede recibir de la otra persona. Pero el amor agape, según 1 Corintios 13.5:

- no busca lo suyo (Reina-Valera)
- no busca su interés (Jerusalén)
- no es egoísta (Versión Popular)

8/ Piensa en algunas maneras prácticas, *reales*, donde se pueda ver esta clase de amor, es decir, buscando el bien del novio o de la novia.

Es cierto lo que dijimos al comenzar la lección tres: la base de todo es el amor. Pero tiene que ser el amor en sus cuatro facetas: amor de afecto, compañerismo, sentimientos y agape. El equilibrio entre las cuatro es lo que crea una sana relación entre dos personas.

Pero el amor no es instintivo sino que es algo que tenemos que aprender. Es cierto que normalmente el afecto yel amor romántico son naturales y espontáneos en nosotros; pero aun en ese caso, nuestra relación con Cristo y la presencia de su Espíritu los modifican. En el caso de la amistad y el ágape, tenemos que aprender y esforzarnos, para que la base del amor sea sólida, con sus fundamentos en Cristo mismo.

5
La otra alternativa

Para ser honestos en el tema, tenemos que presentar la otra cara de la moneda. Casarse no es la meta de la vida cristiana. Es bueno y aceptable para Dios, pero ésta es solamente una de dos alternativas. La Biblia nos dice que quedarse soltero es igualmente aceptable.

El problema es que la Biblia y la opinión popular no están de acuerdo, como en muchos otros temas. El mundo que nos rodea grita a todo volumen que el amor romántico es la única fuente de felicidad. El mundo lucha para hacerse más atractivo, para conquistar el amor perfecto, sin darse cuenta que es una ilusión.

Aun más sutilmEnte, la misma iglesia presiona a sus jóvenes a casarse "a cualquier costo". La gente siempre siente lástima por el joven soltero, anda "inventando" posibles enlaces y creando chismes alrededor de ellos. Pero los resultados de esto son muchas tensiones innecesarias y demasiados casamientos apurados que después traen aparejado el arrepentimiento de los cónyuges.

1/ **Vamos a ver si podemos comprobar lo que acabamos de decir. Pedimos que hagas otra encuesta, preferiblemente a dos hombres y dos mujeres. Pregúntales si es deseable que un creyente se quede soltero toda la vida. Trae las respuestas y comentarios al grupo de estudio.**

Veamos qué dice la Biblia sobre el tema. Busca primero Mateo 19:12.

2/ Explica en tus propias palabras las razones por las cuales algunas personas no se casan.

Pasemos ahora a 1 Corintios 7, un capítulo que trata varios aspectos del tema. Todo el capítulo es importante, pero debes leer con especial cuidado los versículos 1 y 2, 25 a 28, y 32 a 35. Utiliza, por lo menos, dos versiones de la Biblia incluyendo la Versión Popular. Las diferencias entre las versiones ayudan a aclarar lo que el capítulo realmente dice.

Pablo no condena al matrimonio en este capítulo, sino que exalta la vida de soltero. Como vemos en el versículo 7, tanto el casarse como el quedarse soltero son aceptables delante de Dios. Normalmente no hemos pensado lo suficiente en el tema como para darnos cuenta que hay ciertas desventajas en el matrimonio, desventajas que todo casado reconoce, pero que los solteros tienden a ignorar.

Vamos a notar tres principios que Pablo menciona en estos versículos.

3/ El primer principio se encuentra en los 1 Corintios 7.17-24. Aunque Pablo no menciona al matrimonio en estos versículos, éstos precisamente, se encuentran intercalados en una exposición sobre dicho tema.

a) ¿Cuál es el principio que estos versículos enseñan?

b) ¿Será correcto aplicarlo al joven soltero? ¿Por qué?

4/ El segundo principio se encuentra en los vv. 25-31. ¿Qué razón da Pablo aquí para no casarse?

5/ El tercer principio se encuentra en los vv. 32-35. ¿Cuál es?

6/ Resumiendo todo lo que hemos visto hasta ahora, ¿cuáles son, según tu opinión, los argumentos más fuertes a favor de quedarse soltero?

Obviamente, Pablo pensaba que la persona soltera tiene ciertas ventajas, y entonces lo más conveniente es no casarse. Sin embargo, su presentación del matrimonio en otras partes del Nuevo Testamento es positiva (ver, como ejemplo, Efesios 5:21-33).

7/ En este capítulo, (1 Corintios 7) Pablo da una razón a favor del matrimonio. ¿Cuáles otras darías?

Casarse no es malo, aunque quedarse soltero puede ser mejor. Creemos que está bien claro que la felicidad no la encontramos por medio del matrimonio. Si como solteros no hemos encontrado la verdadera satisfacción en Cristo Jesús, nunca la vamos a encontrar por el solo hecho de casarnos. Dios debe ser la meta de nuestra existencia, y el matrimonio no puede llenar el vacío que solamente él satisface.

Terminamos con un consejo para los solteros. Tienes una libertad que tus amigos casados no tienen, y debes invertir bien esa libertad.

- Aprovecha tu tiempo para aprender: cocina, música, dibujo, o lo que pueda ser de tu interés. Ahora puedes hacerlo; si algún día te casas ya no tendrás más ese tiempo.

- Invierte tu vida en otras personas: enseña en una clase de escuela dominical, visita a otros jóvenes que tienen problemas o que necesitan tuayuda, acepta una responsabilidad en tu iglesia. El tiempo que tienes ahora para servir no siempre lo tendrás.

- Recuerda que estamos en una batalla. La sociedad dice una cosa, la Biblia otra. No permitas que la sociedad te apure a tomar decisiones de las que luego puedes arrepentirte. Si Dios es realmente tu meta, él te dará la satisfacción que buscas.

8/ **Terminamos con una pregunta más. ¿Te parece que estos argumentos que hemos visto tienen una aplicación concreta para el joven de hoy? Dichas pautas, ¿son prácticas para decidir este aspecto de la vida? ¿Te convence Pablo? ¿Qué opinas?**

6

La comunicación

En la lección tres dijimos que el amor es la base de la relación entre la mujer y el hombre, y es cierto. Pero si comparamos el amor a los ladrillos que utilizamos para edificar una relación, la mezcla que une todo es la comunicación. Sin ella, el edificio es meramente una pila de ladrillos sueltos, y cuAlquier golpe los tira abajo.

Siempre estamos comunicando algo. Aun el silencio de un miembro de la pareja "habla". Con nuestros silencios, gruñidos, gritos y sarcasmo decimos muchas cosas. Las miradas y los gestos a veces comunican más que las palabras. Con la boca podemos decir "te amo", pero lo negamos con nuestra actitud.

En la práctica, se pueden distinguir varios niveles de comunicación, desde el más superficial hasta el más íntimo. Por ejemplo:

a| La conversación casual: "¿Qué tal... cómo andás?" "Lindo día, ¿no?"

b| Compartir información: "Pedro se compró un coche nuevo." "Voy a la casa de Mirta."

c| Expresar opiniones, acuerdos, desacuerdos: "Creo que también los hombres deben lavar los platos." "No estoy de acuerdo..."

d| Expresar lo que uno siente, sus emociones: "Cada vez que escucho esa música me pongo triste." "Me siento mal porque estaba hablando con Elsa y me dijo..."

e| Revelar lo más íntimo de lo que uno es y piensa: "Me doy cuenta de que me cuesta hablar sobre el sexo..." "¿Sabes? Creo que he actuado bastante mal en nuestra relación..."

La mayor parte de nuestra conversación se limita a los primeros tres niveles, pero una relación humana íntima debe basarse en los niveles más profundos. Sin honestidad y transparencia, la relación siempre será superficial.

1/ Piensa en tu propia experiencia. ¿Con cuántas personas puedes conversar libremente en:
    a) el nivel d?

    b) el nivel e?

Pero la comunicación exige no solamente alguien que hable sino también alguien que escuche. Es una experiencia común estar en grupos donde dos o tres personas hablan simultáneamente y no esperan a que el otro termine de hablar para hacerlo ellos. En conclusión: No sabemos escuchar.

2/ En base a Proverbios 18:13 diríamos que una clave para las buenas relaciones es: "Escuchar más y hablar menos". ¿Por qué es ésta una regla clave?

3/ Pero, ¿qué es "escuchar"? ¿Cómo debemos hacerlo?

Según vimos en la lección cuatro, el amor busca el bien del otro. Sin embargo, somos muy sensibles. En vez de escuchar atentamente al otro para poder comprenderlo, nos sentimos heridos y reaccionamos. En vez de tratar de solucionar lo que el otro siente como problema, intentamos defendernos, justificarnos, aislarnos.

4/ En la lección cuatro anotaste cÓmo reaccionas cuando tienes algún roce con un ser querido (ver la pregunta 5 de esa lección). ¿Entiendes *por qué* reaccionas de esa manera? ¿Comprendes los motivos que te llevan a actuar así? ¿Puedes explicarlos?

5/ Por supuesto, ninguna de esas reacciones es correcta. ¿Cómo *deberíamos* reaccionar pensando especialmente en la relación de pareja?

Por lo general, no estamos acostumbrados a mantener una verdadera e íntima relación con otra persona porque tenemos miedo de revelarnos tal como somos. El "yo" íntimo está rodeado de muchas defensas, y no permitimos que nadie se acerque demasiado. Puede ser que tengamos vergüenza o temamos ser rechazados por la otra persona.

Pero el peligro es que si llegamos al matrimonio con la máscara puesta, algún día ésta se va a caer. Quedará el verdadero yo al desnudo. Y el gran peligro será descubrir que no nos gusta la persona que hay tras ella. Muchos jóvenes van al matrimonio con esa máscara puesta, porque temen "perder" a su novio... con la consecuencia de que lo "pierden" pocos meses después del casamiento.

Las reacciones que mencionamos en la pregunta 4 son inadecuadas. Sería bueno estudiar cada una de ellas, pero vamos a limitarnos a una sola: el enojo. Esta es una de las primeras líneas de defensa del "yo".

6/ Busca Efesios 4:26,27 y Santiago 1:19,20. En base a estos pasajes, y a tu propia experiencia, ¿qué debe hacer uno cuando se da cuenta que se está enojando?

El peligro es que cuando estamos enojados decimos cosas que por lo general no diríamos, herimos al otro y dejamos cicatrices que difícilmente se borran con el tiemPo. Para colmo, el enojo nunca soluciona el problema; al contrario, lo empeora.

Por supuesto, la causa del enojo no es la situación desencadenante del problema ni tampoco la otra persona. La causa es mi reacción inadecuada. Existen muchas maneras de reaccionar ante esa misma situación, algunas buenas, otras malas. Pero el amor exige que la reacción sea constructiva, no destructiva.

Veamos unos versículos más en Efesios 4 que ofrecen pautas

para la comunicación.

7/ En base a Efesios 4:15,25,29 y 31, ¿qué pautas puedes ver en cuanto a cómo debemos comunicarnos con la persona que amamos?

8/ Dos de los versículos de la pregunta anterior hablan de la verdad. Pero ¿qué te parece? Si estamos en una situación donde decir la verdad puede herir a la otra persona, ¿no sería mejor no decirla? Es decir, ¿debemos decir *siempre* la verdad? Explica tu posición.

El tema de esta lección es largo, y se presta para una discusión mucho más amplia. Terminamos simplemente con algunas pautas prácticas para mejorar la comunicación en pareja.

- No des por sentado que entiendes lo que piensa u opina la otra persona. Debes preguntar.

- Sé transparente, abierto, honesto y dispuesto a reconocerte vulnerable.
- Sé generoso con los halagos hacia la otra persona.
- Ora por la otra persona, y también con ella.
- No temas mostrar tu desacuerdo, pero hazlo de una manera apacible.
- Trata de comprender, sin insistir mucho en ser comprendido.
- Cuando estés equivocado o, de alguna manera, hayas hecho algo en contra del otro, debes confesarlo y pedir perdón.

7

El sexo

Sin ninguna duda ésta es la lección más difícil de todas. Difícil porque el tema merece ser algo más extenso... podría abarcar todo un libro. Y también es difícil porque es un tema que, a pesar de ser tratado con frecuencia, no vemos respuestas en la vida práctica. Muchos jóvenes "saben" lo que deben hacer, sin embargo, no lo hacen.

Hay dos realidades que debemos enfrentar. Primero, que el poder del impulso sexual es sumamente fuerte desde la adolescencia hasta pasando los 30 años. Esto es normal porque Dios nos hizo así. El problema es que una vez estimulado, predomina fácilmente sobre la "buena educación" y la razón.

Y la segunda realidad es que nuestra sociedad ha hecho del sexo un dios. El cine, la televisión, los avisos en las revistas, todo gira alrededor del sexo. Tenemos un fuerte impulso que constantemente recibe estímulo, entonces no es ninguna sorpresa que abunden los problemas, tanto dentro como fuera del matrimonio.

Nosotros, por supuesto, tenemos que mirar este tema (como todos los demás) desde una perspectiva bíblica. Si realmente somos discípulos de Jesucristo, éste, como todo aspecto de la vida, debe ser sometido a su autoridad, a su Palabra.

La pregunta, entonces, es: "¿Qué lugar tiene el sexo en la vida de una pareja antes del casamiento?" La respuesta es sencilla: el sexo es para el matrimonio, y fuera de él es pecado.

La segunda pregunta es: "¿Por qué?" En este caso, la respuesta no es tan sencilla. La Biblia condena repetidas veces el uso ilegítimo del sexo, pero no da una razón detallada. Está ahí, pero hay que buscarla.

Vamos a aprovechar la respuesta publicada en una revista para la juventud. Su argumentación no es fácil, pero da una respuesta realmente satisfactoria. Éste es el planteo:

"La Biblia, con toda claridad, prohibe el sexo prematrimonial. Lo dice en términos contundentes. 1 Corintios 6:10 dice: 'No se dejen engañar, pues en el reino de Dios no tendrán parte los que cometen inmoralidades sexuales (fornicación)... ni los que cometen adulterio...' La fornicación en el Nuevo Testamento significa el sexo fuera del matrimonio; el adulterio se aplica a las personas casadas. Pablo trata ambos casos con un lenguaje fuerte. Si deseas ver otros pasajes donde la fornicación es prohibida, lee: Mateo 15:19, Hebreos 13:4, Gálatas 5:19-21 y 1 Tesalonicences 4:3. Si buscas la palabra "fornicación" en una concordancia, encontrarás muchas otras citas. Seguramente no hallarás ninguna referencia que sugiera que el sexo fuera del matrimonio es permisible, sea con o sin amor.

Pero la pregunta es "¿Por qué?" Seguramente pienses que en los tiempos bíblicos el sexo fuera del matrimonio fue prohibido para evitar los embarazos, que la principal preocupación era la dificultad de impedir la concepción. Si ahora podemos tener relaciones sexuales sin miedo a un embarazo inesperado, ¿para qué seguir esta regla tan anticuada?

¿Nunca te fijaste que en todos los pasajes bíblicos que se refieren al sexo, ninguno hace mención al embarazo? Tampoco dicen que la razón del matrimonio sea tener hijos en una situación sin riesgos. En ninguna cita se evidencia que la preocupación de Dios por las relaciones prematrimoniales sea la posibilidad de que la mujer quede embarazada.

¿De dónde surge la idea de que la gente en los tiempos bíblicos se preocupaba por los embarazos? Probablemente proviene del siglo XX, que sí está preocupado por el tema, sobre todo en las formas de evitar el tener hijos. No hay ninguna indicación en la Biblia de que la gente temía tener demasiados hijos. Amaban a los hijos, y cuanto más grande era la familia, mucho mejor.

Vemos que tampoco tenían dificultad en adoptar a los niños ilegítimos. En muchas de las culturas africanas, que se parecen bastante a la cultura judía, reciben a un niño con gozo, sea nacido dentro o fuera del matrimonio.

La preocupación de la Biblia no es la procreación, sino otra cosa, algo realmente extraño a nuestra moderna manera de pensar. La sociedad nos insta a ver la relación sexual como algo impersonal, como una necesidad que debe ser satisfecha de inmediato. Pero el concepto que encontramos en el Antiguo Testamento con referencia al sexo hace hincapié en la virginidad.

En Deuteronomio 22 vemos que la mujer debía comprobar su virginidad al casarse. Si no lo podía hacer, las consecuencias eran devastadoras. Su experiencia sexual podría haber sido intrascendente, sin embarazo, ni enfermedad venérea, ni cicatrices sicológicas. Sin embargo, el hecho de haber tenido o no haber tenido experiencia sexual era sumamente importante.

Vemos también la importancia que la Biblia presta al adulterio. El Antiguo Testamento lo condena con más frecUencia que a la fornicación, y en términos más fuertes. Pero ¿por qué? El embarazo generalmente no es un problema para personas casadas. No es fácil discernir quién es el padre de un hijo. De todos modos, ¿qué hay de malo en el adulterio si lo hacen con amor? Sin embargo el Antiguo Testamento dicta la sentencia de muerte contra él. Reconoce entre las personas casadas un enlace que es absolutamente exclusivo. Nadie más puede penetrar en esa relación.

Hay una curiosa ley en Deuteronomio 24 que destaca lo misterioso de ese enlace. Trata el caso de una mujer divorciada de su primer esposo que nuevamente se casa. Cuando el segundo esposo muere o se divorcia de ella, el primero desea recibirla otra vez como esposa. Pero esta ley no se lo permite. El Antiguo Testamento afirma que ella ha sido "manchada" con respecto al primer esposo.

El Antiguo Testamento no dice demasiado en cuanto a por qué estas cosas son tan esenciales, pero sí aclara que algo pasa cuando dos personas tienen una experiencia sexual. Una persona virgen es distinta a otra que no lo es.

En el Antiguo Testamento hay muchas cosas extrañas para nosotros. Varias de ellas han sido reemplazadas por lo que encontramos en el Nuevo Testamento. Necesitamos examinar los tiempos de Jesús para ver si se continúa con la misma lógica, o si ésta ha sido clarificada.

La mayoría de los pasajes no nos ayudan. Sólo dicen que el sexo fuera del matrimonio es malo. No dan explicaciones. Tal vez en esos días no era necesario: la gente sencillamente lo comprendía.

Pero, felizmente, hay dos pasajes que nos dan una idea muy clara. Uno es 1 Corintios 6:16-20 donde Pablo enfáticamente nos advierte en contra de la promiscuidad. En el versículo 13 él cita lo que aparentemente era el argumento de ellos, y también muy común en nuestros días: "La comida es para el estómago, y el estómago para la comida". Creo que lo que ellos decían era esto: "Cuando tengo hambre como y así quedo satisfecho. Ese es el propósito de la comida. Y lo mismo sucede con el sexo. Tengo una necesidad que debo satisfacer. Ya que transcurren tantos años entre el 'despertar sexual' y el casamiento, se hace difícil abstenerse del sexo durante todo ese tiempo. ¿Por qué no puedo tener relaciones con una prostituta —sin compromisos, sin consecuencias, sin daños para ninguno de los dos— y así estar satisfecho?"

Pero Pablo, horrorizado, dice en el versículo 16: *¿No saben ustedes que cuando un hombre se une con una prostituta, se hacen los dos un solo cuerpo?* Nota, por favor, que la preocupación de Pablo no es que estén expuestos a enfermedades venéreas (que es muy posible), ni que gesten niños que nadie quiera (que también es muy posible), ni que después sientan el peso de la culpa (otra buena posibilidad), ni aún cuando ésta sea una relación sórdida y sin amor. No, su preocupación refleja lo que el Antiguo Testamento afirma: *será un solo cuerpo —una sola carne— con ella.*

En otras partes de la Biblia esta idea de un solo cuerpo (o una sola carne) está presentada como algo muy positivo. Por ejemplo, la explicación que Génesis 2:24 da del matrimonio. Esta idea está mencionada varias veces en el Nuevo Testamento, y la mayoría de los comentaristas piensan que tiene una doble referencia. Primero, se refieren a la relación sexual cuando las dos personas son físicamente una. Pero también se refiere a la comunión más profunda que debe existir en el matrimonio; la idea de que los dos llegan a ser uno en el sentido mental y espiritual. Efesios 5:31 cita la idea de "una sola carne" en el contexto del "sacrificio de uno mismo" que es esencial en el amor matrimonial.

Pero, ¿qué quiere decir Pablo con este concepto, al hablar de la relación con una prostituta? En este caso no hay amor, ni compromiso mutuo; incluso puede ser que ni siquiera sepan el nombre del otro. ¿Cómo pueden ser "un solo cuerpo"? La respuesta debe ser que la relación sexual —cualquiera que sea— los hace uno. Para mí, esto significa que hay algo muy profundo en el acto sexual, algo misterioso y espiritual. Por ejemplo, Pablo aquí dice que esta forma inmoral de "unirse" es incompatible con "unirse" al Señor. Cuando te acuestas con una persona, se establece una unión con consecuencias permanentes y profundamente espirituales.

Pero, a menudo la pregunta se hace de otra forma. Aceptemos, por ejemplo, que la relación sexual nos hace "un cuerpo".

Entonces, ¿esta relación no será aceptable entre cristianos solteros y que realmente se aman? ¿No será algo realmente bueno y hermoso?

Hay varios problemas con este planteo. Primero, si ahora es hermoso, ¿por qué no lo fue en los tiempos bíblicos? ¿Tanto ha cambiado la situación? ¿En aquellos tiempos no sabían que dos personas que se aman pueden tener deseos de acostarse juntos? Sin embargo, la Biblia lo condena como fornicación.

Segundo, esta idea de que "el amor justifica la relación" es sospechosa porque se abre la puerta a muchas otras cosas. Si el amor permite el sexo Prematrimonial, ¿por qué no también el adulterio? Aun el incesto sería aceptable, ya que los anticonceptivos impiden el embarazo. Y también se podrían imaginar ciertas situaciones donde sería correcto mentir, es decir, ocultar la verdad por amor. El problema es que si pretendemos anular un mandato en nombre del amor, no hay razón por la que no podamos anular otros. El resultado es que no quedan principios morales absolutos.

Pero creo que Mateo 19:1-12 nos da una explicación más adecuada de por qué las relaciones sexuales —aun las basadas en el amor— son malas fuera del matrimonio. Es cierto que el tema de este pasaje es el adulterio, pero ¿por qué lo prohibe? Ya debes conocer la respuesta: *...el hombre dejará a su padre y a su madre para unirse a su esposa, y los dos serán como una sola persona. Así que ya no son dos, sino uno solo. De modo que el hombre no debe separar lo que Dios ha unido.*

El esposo y la esposa no deben divorciarse porque han llegado a ser una sola persona, un solo cuerpo, una sola carne. No es que ellos decidieron unirse. Dios actuó y los unió, y nadie debe pretender revocar lo que él hizo. Hizo un solo cuerpo para que nunca fuera dividido.

Fíjense que Jesús no menciona una ceremonia de bodas. Impone solamente dos condiciones: el hombre debe dejar a sus padres, implica que tiene madurez suficiente para ser independiente, y que debe unirse a su esposa, lo que implica la decisión de cuidarla y amarla.

¿Cuál es, entonces, el problema con la pareja de enamorados que quiere acostarse? El problema no es tanto el hecho de acostarse, sino su posterior separación. Tales relaciones sexuales amorosas nunca se deben romper. El sexo genera entre nosotros una unión creada por Dios. Nunca podremos ser nuevamente las mismas personas. Nuestra relación ha cambiado profundamente, aun sin tener en cuenta lo que sentimos.

Pienso que la mayoría de las personas sienten esa unión que crea la relación sexual. Esto lo vemos en las fuertes emociones que se desencadenan, también en que es el origen de la vida humana. El sexo es algo realmente fantástico; todo nuevo padre lo sabe.

Por supuesto, hay personas, especialmente las que han tenido relaciones sexuales con varias personas, que no sienten ninguna sensación de ser "un solo cuerpo". Aparentemente los corintios no sentían nada. Sin embargo, la Biblia enfatiza que la unión existe, y ningún anticonceptivo del mundo la puede evitar.

Por todas estas razones los cristianos insistimos en un casamiento hecho con inteligencia, con el consenTimiento de la comunidad de creyentes, de la sociedad y aun de la ley. No deseamos prohibir a las personas que se aman que se acuesten juntas. Lo que queremos es que no se separen. Y no hay nada que podamos hacer para garantizar que no han de separarse; pertenecemos a una raza caída y pecaminosa. Nuestra intención es hacer todo lo posible para que las personas unidas por Dios tengan la oportunidad de seguir juntas.

Confieso que esto es lo mejor que puedo decir por ahora para explicar por qué en la Biblia el sexo está prohibido fuera del matrimonio. Demasiadas personas prefieren no invertir el tiempo necesario para comprender realmente el "por qué". Prefieren obedecer o ignorar las prohibiciones de la Biblia sin cuestionar nada. Quien realmente quiere conocer a Dios y sus propósitos, debe considerar bien este argumento que presento. No es fácil ni obvio, ya que no hay un versículo en la Biblia que defina todo."

(Tomado de un artículo escrito por Tim Stafford, de la revista Campus Life del movimiento Juventud para Cristo, Febrero de 1982, página 66. c 1982 por "Christianity Today, Inc.")

Esperamos que hayas podido seguir el argumento de este artículo. Como dice el autor, es un concepto algo extraño a nuestra generación. Pero ¿acaso no hay muchas cosas "extrañas" en la vida de un verdadero discípulo de Jesucristo?

1/ Ahora bien, ¿cuál es tu opinión respecto al planteo que presenta este artículo? ¿Te satisface? ¿Estás de acuerdo, o no? Explica tu respuesta.

2/ Un argumento engañoso bastante común, que a menudo escuchamos es el siguiente: "Si realmente me amas debes acostarte conmigo". ¿Por qué esta postura resulta engañosa?

3/ ¿Qué lugar tiene el sexo en el amor... o el amor en el sexo?

Terminamos con algunas sugerencias prácticas. Prevenir es siempre mejor que lamentarse después. Proponemos que como discípulo de Jesucristo, tomes en cuenta estas cinco pautas.

Primero: Cuando formes pareja, desde el comienzo deben conversar juntos sobre la fuerza y el peligro de la atracción sexual, y decidir entre ambos las "reglas" a aplicar en su relación.

4/ Prepara un modelo de cómo podría ser un acuerdo entre novios, nombrando las pautas o los límites que decidirían aplicar en su relación.

Segundo: Intenta enfatizar los aspectos que deben tener prioridad en tu pareja. Una sana relación tiene un equilibrio entre tres dimensiones: espiritual, personal y física. Para lograrlo se debe buscar primero el desarrollo de lo espiritual, luego de lo personal y por último lo físico. Si así lo haces, la parte física tomará su lugar. Si sucede a la inversa, lo físico dominará la relación, y los otros dos aspectos tendrán poca posibilidad de desarrollarse.

Tercero: Muy relacionado con lo anterior, se debe progresar muy, pero *muy* lentamente en el aspecto físico de la relación. No hay apuro. Si se casan, tienen toda una vida por delante. Si no se casan no tendrán de qué lamentarse toda la vida.

Detrás de esta pauta hay dos fuertes razones. Una ya la mencionamos anteriormente. El estímulo sexual es tan fuerte que tiende a dominar toda la relación. Distrae e impide que la pareja dedique tiempo a desarrollar las otras dimensiones de la relación, o a estar con otros creyentes o realizar algún servicio.

La otra razón es el "efecto tobogán". Un estímulo (tocarse, besarse, abrazarse) rápidamente pierde sus efectos, y el cuerpo anhela otro más fuerte. Esto es normal porque así nos hizo el Creador. Pero una vez que estamos en el tobogán, es muy difícil aplicar los frenos.

Una posible escala de estímulos sería la siguiente:

Tomarse de las manos - Abrazarse - Besarse - Acariciarse - Exitarse - Provocarse - Desvestirse...

Hay que poner un límite, trazar una línea sobre la cual decidan no pasar.

5/ Pero, ¿cuál será ese límite? ¿Dónde debemos trazar la línea? ¿Qué piensas?

Cuarto, Como consecuencia de la pauta anterior, hay que evitar situaciones estimulantes. Si se visitan, por ejemplo, no conviene que estén solos en un dormitorio. Traten de hacer muchas actividades con otros jóvenes. Cuando estén solos, traten de hacerlo de tal manera que no sea una situación que crea tentaciones de pasar los límites que acordaron.

Quinto: Pero, y no último, deben someter su relación a Dios. No debería ser necesario repetir esta pauta, porque es el fundamento de todo lo que decimos en este cuaderno. Repetimos: la relación sana es un triángulo formado por el hombre, la mujer y Jesucristo. Damos por sentado que somos sus discípulos.

6/ Busca 1 Corintios 6:18-20. Este pasaje nos da varias razones de por qué es necesario que guardemos la relación sexual para el matrimonio. ¿Cuáles son?

Desde la creación Dios dejó bien en claro su planteo en cuanto al matrimonio y, en un sentido, todo lo que la Biblia dice acerca del tema es un comentario sobre ese planteo. Génesis 2:24 habla de tres pasos.

Primero, el hombre y la mujer dejan a sus padres. Cambian de rol. Ya no son "hijos", sino que forman un nuevo núcleo familiar. Es algo visible, reconocido por los padres, la sociedad y la pareja.

Segundo, se unen. Se unen físicamente, socialmente y espiritualmente. El versículo siguiente dice que "estaban desnudos, pero ninguno de los dos sentía vergüenza de estar así". Se abren, se unen, se mezclan, pero no como algo clandestino, con vergüenza, sino gozosamente delante de Dios.

Y **tercero**, el resultado es que son una sola persona. Llegan a ser "hombre" en el sentido genérico. No "se visitan" cada tanto, ni "se juntan" sino que han formado un nuevo ser, una nueva personalidad.

Este proceso, en su sencillez, describe lo que Dios quiere para la pareja; y tratar de vivir el segundo paso —la unión sexual— sin los otros dos es una distorsión.

8
Tres preguntas claves

Concluimos esta serie de lecciones con tres preguntas prácticas, con la esperanza de brindarte pautas para que tomes tus propias decisiones. Las preguntas son:

- ¿Me caso, o no?
- ¿Con quién me caso?
- ¿Cómo prepararme para el matrimonio?

1 - ¿Me caso o no?

Ya hemos visto este tema en la lección 5, y seguramente que el grupo de estudio lo ha discutido bastante.

1/ **Queremos que anotes tus opiniones sobre el tema, en forma de conclusión y resumen.**

Razones para casarse:

2/ ¿Qué me conviene más: casarme, o será mejor seguir siendo soltero?

Razones para no casarse:

Creemos que el factor que *debe* ser determinante para todos nosotros es si el casarnos nos ayudará a ser mejores discípulos de Jesucristo o no. Si el futuro compañero o compañera me va a apoyar o acompañar en mi vida espiritual. Si somos verdaderos cristianos, nuestra relación con Jesucristo tiene prioridad sobre todo, aun sobre la decisión de casarnos, y sobre la decisión de con quién nos casaremos.

Pero decimos "debe" ser el factor determinante, porque reconocemos que es difícil para el joven pensar objetivamente en sus relaciones emocionales. Difícil, pero no imposible. Te dejamos Marcos 10:27.

2 - ¿Con quién me caso?

Esta pregunta supone que no tienes novio o novia, pero crees que debes casarte. O tal vez ya tienes novio o novia, pero no estás seguro si es la persona idónea o no. ¿Cómo decidir, entonces?

Teóricamente, dos "buenos creyentes" podrían basar su relación sobre el amor ágape Si aman al Señor y conocen la Biblia, deben tener los recursos necesarios como para tener un hogar feliz. Los otros factores, en un sentido, serían secundarios.

3/ Pero, realmente, esta actitud es sumamente peligrosa, y puede crear una relación futura muy infeliz. ¿Por qué?

En un estudio que se hizo en los EE. UU. entre 5000 creyentes en cuanto a la felicidad de su matrimonio, el 39 por ciento —más de uno en tres— dijo que si nuevamente pudiera hacer la decisión no se casaría con la misma persona. Esto implica que el ser "buen creyente" no es en sí suficiente como para tener un hogar sano y feliz.

Podemos dividir los factores en dos grandes grupos.

Primero, los aspectos espirituales. Ya que el casarse es unirse en todos los aspectos de la vida, para el discípulo de Jesucristo, éstos son lo principal.

4/ Busca 2 Corintios 6:14-16 y explica en tus propias palabras el argumento de Pablo.

Esta prohibición de Pablo tiene sus raíces en el Antiguo Testamento.

5/ Busca Deuteronomio 7:1-4. El argumento, o mejor dicho, la razón tras la prohibición está relacionada con lo que el pueblo vivía en ese momento. ¿Cómo aplicamos esa razón a nosotros hoy ?

Es importante recordar que las pautas bíblicas para los casados siempre se basan en su relación con Cristo. La figura para la pareja es Cristo y su iglesia. El Nuevo Testamento toma por sentado que los creyentes se casan entre sí, aunque da pautas para los que se convierten ya de casados.

Pero realmente debemos pensar más allá del "yugo desigual". ¿Están de acuerdo en cuanto a su relación con la iglesia, cuánto deben ofrendar, cuánto tiempo deben invertir en la obra de la iglesia, el uso del hogar, la evangelización, etc.? Enrique era un joven muy activo en su iglesia. Dirigía el grupo de adolescentes, a veces predicaba y hacía una buena obra personal entre sus antiguos compañeros del colegio. Pero Elva, su esposa, no compartía su visión. Era creyente, pero se limitaba a asistir a las reuniones. El resultado era que el fervor de Enrique iba apagándose poco a poco. Aún puede existir el "yugo desigual" entre creyentes.

Segundo, los aspectos personales y sociales. Si una pareja tiene un alto índice de compatibilidad en todos los aspectos de la vida, también tiene una mayor probabilidad de tener un hogar feliz.

Por ejemplo, ¿qué pasaría si:

- a uno le gusta solamente la música rock, y al otro solamente la música clásica?

- si uno prefiere salir de casa cuando tienen tiempo libre, pero el otro prefiere quedarse?
- si la única diversión de él es el fútbol, y la de ella sólo es la literatura?
- si uno no puede tolerar los amigos del otro?

Y así se puede seguir con una larga lista de factores; cada uno, tal vez, pequeño en sí, pero con el correr de los años, llegan a ser cada vez más brillantes.

Citamos ahora a Anthony Florio, un consejero matrimonial profesional, quien señala algunas de las principales áreas que pueden llegar a ser peligrosas para la pareja.

"Como las luces rojas, las señales intermitentes de peligro significan *deténgase* y continúe con precaución (si es que continúa). Es mejor tomar este breve examen antes del compromiso, de manera que si aparecen señales definidas de peligro, tendrán tiempo de hacer un alto, reveer este aspecto, antes de dedicarse a planear oficialmente la boda. Si ya están próximos a casarse y aparecen las señales de peligro, entonces, por más que lo quieran, suspendan sus planes matrimoniales hasta que puedan resolver las áreas problemáticas que existen entre ustedes. Las cualidades negativas pueden estar escondidas como un témpano, mostrando solamente las puntas de lo que sucede bajo un aspecto aparentemente sereno.

1 *Si tienen un sentimiento de intranquilidad respecto a la relación, falta de paz interior.* Un interior que rezonga, se aflige y perturba diciendo: 'Algo anda mal'. No ignore ese sentimiento. Puede ser su sentido común temporariamente adormecido, o puede ser el Espíritu de Dios que está tratando de comunicarle algo. Muchas personas han reconocido delante mío que sabían que su matrimonio era un error aun cuando iban caminando hacia el altar.

2 *Si hay frecuentes discusiones.* Nunca se tiene seguridad de cómo terminará un paseo. Son más los momentos de pelea que los de diversión.

3 *Si se evita la discusión de ciertos temas por miedo a herir los sentimientos del compañero o comenzar una disputa.* Ud. piensa: 'Es mejor que no hable de esto', tal vez sobre temas como los siguientes: 'Me gustaría que me mostrara más cariño', 'Me

gustaría que no tratara a su madre de esa manera', 'Me pregunto por qué tendrá una rabieta cada vez que se le pincha una goma del auto. ¿No puede controlarse mejor?', 'Me gustaría que se bañara más a menudo'.

4 *Si predominan las relaciones físicas.* Ud. resuelve limitar la aceleración de su intimidad física, pero se da cuenta que cada cita comienza nuevamente en el punto en que habían dejado la vez anterior. Algunas veces las parejas se limitan a las relaciones físicas como una forma de evitar discusiones. Una de las razones para que esto sea una señal de peligro es que su relación permanezca solamente en el nivel físico, a través del noviazgo y casamiento. Después que Ud. se case, es posible que no le agrade la personalidad que acompaña al cuerpo de su consorte.

5 *Si Ud. se da cuenta que siempre está haciendo lo que su compañero desea que haga,* cediendo constantemente, acomodándose a sus deseos. Esto podría indicar que la otra persona es egoísta y dominante, y/o existe una seria inseguridad de su parte.

6 *Si Ud. detecta serias perturbaciones emocionales* tales como temor intenso, extrema timidez, conducta caprichosa, ira irracional, agresión física, incapacidad de mostrar afecto.

7 *Si Ud. siente que permanece en esa relación por temor.* Por ejemplo, si en su mente circulan pensamientos como éstos: 'Quisiera dejar de salir con él, pero tengo miedo de lo que pueda hacerme. O tal vez se suicidará. Me siento atrapada, pero no podría soportar la culpabilidad si sucediera algo'.

8 *Si su compañero(a) se queja constantemente de dolores y dolencias aparentemente inexistentes* y va de un médico a otro.

9 *Si su compañero(a) tiene continuas excusas para no trabajar. Si él (o ella) frecuentemente le pide préstamos de dinero.* El compañero que evita su responsabilidad y no puede manejar su dinero sabiamente, constituye un riesgo matrimonial muy grande.

10 *Si su compañero es extremadamente celoso,* desconfiado, duda de su palabra todo el tiempo, siente que todos están en contra suya.

11 *Si su novio(a) es un(a) perfeccionista y constantemente critica.* Ésta es la clase de persona que a menudo crea una atmósfera tensa y malsana.

12 *Si lo trata con menosprecio.* Usa un sarcasmo mordaz.

13 *Si tanto los padres como otras personas significativas están firmemente opuestas a su matrimonio.* Considere sus razones antes de tomar una decisión final.

14 *Si hay falta de armonía espiritual.*

15 *Si existen pocas áreas de interés común.*

16 *Si ve en el otro la incapacidad de aceptar la crítica constructiva. No pide disculpas cuando está equivocado."*

(Hasta aquí, tomado del Curso Prematrimonial, Grace Community Church, Sun Valley, California, EE. UU.)

17 *Si no siente orgullo de presentar su compañero(a) a familiares u otras personas.*

18 *Si no tiene total confianza en la fidelidad del otro.*

La lista es larga, y puede ser que no estés seguro de que todos estos factores sean realmente peligrosos.

6/ ¿Hay factores en esta lista que, según tu parecer, no son realmente un impedimiento para el matrimonio? Explica tus razones al grupo.

Lo que ha ocurrido más de una vez es que un miembro de la pareja ha reconocido un problema serio en el otro, pero, sin embargo, decidió seguir adelante con el casamiento porque quería ayudarlo.

7/ ¿Qué opinas de esa actitud?

8/ Alguien ha dicho: "Si quieres saber cómo será tu futura esposa tienes que conocer a tu futura suegra". ¿Qué quiere decir con esto?

9/ Notarás que agregamos dos factores a la lista que no provienen del consejero profesional, sin embargo, creemos que son apropiados. Explica:
a) la importancia del punto 17.

b) la importancia del punto 18.

Creemos que el factor que debe ser determinante para todos nosotros es si el casarnos nos ayudaría a ser mejores discípulos de Jesucristo o no. Si el futuro compañero o compañera me va a apoyar o acompañar en mi vida espiritual. Si somos verdaderos cristianos, nuestra relación con Jesucristo tiene prioridad sobre todo, aun sobre la decisión de casarnos, y sobre la decisión de con quién nos casaremos.

Pero decimos "debe" ser el factor determinante, porque reconocemos que es difícil para el joven pensar objetivamente en sus relaciones emocionales. Difícil, pero no imposible.

Decir "Adiós..." no es fácil, pero es mejor decirlo ahora y sufrir un tiempo, y no que luego los dos lo lamenten toda la vida.

3 - ¿Cómo prepararse para el matrimonio?

La tarea de formar un hogar feliz comienza ahora, hoy. Si esperas hasta que ya estés casado, puede ser tarde. Sugerimos para ellos las siguientes pautas:

⇒ Estudia todo lo que la Biblia dice en cuanto al matrimonio. Medita sobre los principios bíblicos, tratando de pensar cómo pueden aplicarse a tu futuro hogar.

⇒ Lee buenos libros sobre el tema. Y si tienes novio o novia, conviene que ambos lean los mismos libros, para luego comparar sus impresiones.

⇒ Si ya tienes novio o novia, traten de conocerse como personas. Cultiven el arte de comunicarse. Quítense las máscaras. Repetimos nuevamente: uno de los peligros más grandes para los novios jóvenes es mostrarse con la mejor cara posible para así impresionar al otro. Ya debes saber las consecuencias si después del casamiento a tu novio o novia no le gusta lo que encuentra tras la máscara.

⇒ Cultiven su relación a nivel espiritual. Oren juntos. Participen en las actividades de la iglesia. Decidan ahora cómo será su servicio espiritual una vez casados.

Que el Señor te ayude a enfrentar con sabiduría este aspecto vital de tu vida.

Cómo utilizar este cuaderno

Estos cuadernos son *guías de estudio*, es decir, su propósito es guiarle a usted para que haga su propio estudio del tema o libro de la Biblia que desarrolla este material.

El cuaderno propone un diálogo. En él introducimos el tema, sugerimos cómo proceder con la investigación, comentamos, pero también preguntamos. Los espacios después de las preguntas son para que usted anote su respuesta a ellas.

Esperamos que, por medio del diálogo, le ayudemos a forjar su propia comprensión del tema. No de segunda mano, como cuando se escucha un sermón, sino como fruto de su propia lectura y investigación.

¿Cómo hacer el estudio?

1 - Antes de comenzar, ore. Pida ayuda a Dios que le hable y le dé comprensión durante su estudio.

2 - Se deben leer los pasajes bíblicos más de una vez y preguntarse: ¿Qué dice el autor? Aunque muchos utilizan la versión Reina-Valera de la Biblia, conviene tener otra versión o versiones disponibles para comparar los pasajes entre las dos. La "Versión popular" y la "Nueva versión internacional" le pueden ayudar a ver el pasaje con más claridad.

3 - Siga con la lectura de la lección. Responda lo mejor que pueda a las preguntas.

4 - Evite la tendencia de "apurarse para terminar". Es mejor avanzar lentamente, pensando, preguntando, aclarando.

En grupo

El estudo personal es de mucho valor pero se multiplican los beneficios si lo acompaña con el estudio en grupo. Un grupo de hasta 8 personas es lo ideal. Pero, puede ser que por diferentes motivos el grupo esté formado por usted y una persona más, aun así, es mejor que estudiar solo.

En realidad, estos cuadernos han sido diseñados con ese motivo: estimular el estudio en células, en grupos pequeños.

La manera de hacerlo es fácil:

1 - **Usted hace en forma personal una de las lecciones del cuaderno**. Aun cuando pueda haber cosas que no entienda bien, haga el mayor esfuerzo posible para completar la lección.

2 - **Luego se reune con su grupo**. En el grupo comparten entre todos las respuestas de cada pregunta. Puede ser que no tengan las mismas respuestas, pero comparando entre todos las van aclarando y corrigiendo.

Es durante este compartir semanal de una hora y media, este diálogo entre todos, donde se encuentra la verdadera riqueza y que nos provée esta forma de estudio.

3 - **Evite salirse del tema**. El tiempo es oro, y lo más importante es enfocar todo el esfuerzo del grupo en el tema de la lección. Luego, pueden dedicar tiempo para conocerse más y tener un rato social.

4 - **Participe**. Todos deben participar. La riqueza del trabajo en grupo es justamente eso.

5 - **Escuche**. Hay una tendencia de apurar nuestras propias opiniones sin permitir que eL otro termine. Vamos a aprender de cada uno, aun de los que, según nuestra opinión, están equivocados.

6 - **No domine la discusión**. Puede ser que usted tenga todas las respuestas correctas, sin embargo es importante dar lugar a todos, y estimular a los tímidos a participar. No se trata de sobresalir, sino de compartir aprendiendo juntos.

Si en el grupo no hay una persona con experienca en coordinarlo, se puede encontrar ayuda para dirigir un grupo en:

1 - Nuestra página web, www.edicionescc.com. La sección "Capacitación" ofrece una explicación breve del método de estudio.
2 - En las últimas páginas de nuestro catálogo se ofrece también una orientación.
3 - El cuaderno titulado "Células y otros grupos pequeños" es un curso de capacitación para los que desean aprender cómo coordinar un grupo.
4 - Hay algunas guías que disponen de un cuaderno de sugerencias para el coordinador del grupo.

Finalmente diremos que las guias no contienen respuestas a las preguntas ya que el cuaderno es exactamente eso, una guia, una ayuda para estimular su propio pensamiento, no un comentario ni un sermón. Le marcamos el camino, pero usted lo tiene que seguir.

Que el Señor lo acompañe en esta tarea y si necesita ayuda, comuníquese con nosotros. Estamos para servirle.

www.ingramcontent.com/pod-product-compliance
Lightning Source LLC
Chambersburg PA
CBHW060720030426

42337CB00017B/2944